I0154714

GUIDE PITTORESQUE DU VOYAGEUR À CLERMONT

Clermo! Clermo! au Dauphin d'Auvergne

SE VEND . 1 fr. 25
CHEZ G. GRANGE
ANTIQUAIRE & LIBRAIRE,
Rue d'Assas , 21.
& CHEZ SES CONFRERES

Lith Schreiber rue de l'Hotel-Dieu, 21.

GUIDE PITTORESQUE

DU

VOYAGEUR A CLERMONT.

Jules César, ayant réduit l'Auvergne en province romaine, la distingua du reste de la Celtique par de nombreux priviléges, dont un des plus remarquables fut l'établissement d'un sénat, sur le modèle de celui de Rome. Nemetum fut bâti à huit kilomètres de l'ancien oppidum gaulois si célèbre dans l'histoire.

L'empereur Auguste, étant venu dans la métropole de l'Auvergne, l'embellit de plusieurs édifices. La ville s'étendait au pied d'un château fort couronnant la cime du mont. L'ensemble des édifices qui avoisinaient cette citadelle fut qualifié du titre de cité; et l'empereur, voulant y perpétuer son souvenir, la surnomma *Augusto-Nemetum*.

Sous Neron, fut construit le temple de Wasso, si fameux par son ornementation. « On y admirait, dit Pline, la statue de Mercure, chef-d'œuvre du célèbre Zénodore, statuaire grec. »

Des voies construites dans le nouvel empire, rapprochant ainsi les distances par la facilité des transports, traversaient la cité; et les habitants, éclairés déjà par le contact de la civilisation romaine, surent profiter avec avantage des leçons que leur donnaient des maîtres habiles.

En peu de temps les arts furent cultivés avec succès, et de toutes les parties de la Gaule accouraient des étudiants à l'école arverne devenue célèbre.

Les barbares iconoclastes, attirés par la renommée des richesses de nos pères, restaient eux-mêmes frappés d'admiration devant ces monuments, dont la suite des temps n'a pu encore effacer les vestiges.

Préfet du prétoire des Gaules sous Valentinien III, et général de cavalerie sous Pétrone. Maxime Marcus Cæcillius Avitus, de noble famille arverne, fut proclamé empereur d'Occident, dans la ville d'Arles. L'an 455 de Jésus-Christ, après un règne de peu de durée, il renonce à la pourpre et devient évêque de Plaisance.

Son gendre, l'illustre Sidoine Apollinaire, brille à Rome comme sénateur, et obtient l'honneur du consulat. Pour se faire une idée de ce qu'étaient à cette époque Clermont et ses environs, il suffit de lire le passage suivant, extrait la XXIᵉ lettre de Sidoine :

« Je ne dis rien des agréments particuliers de notre territoire, de cette vaste étendue de campagne où les eaux, coulant sans danger au milieu des moissons, conduisent avec elles la fécondité; plus le cultivateur montre d'industrie pour amener l'eau dans ses terres, moins il éprouve de pertes. Notre patrie est agréable à ceux qui voyagent, rapporte aux laboureurs d'abondantes moissons, plaît aux chasseurs, présente des montagnes couvertes de pâturages, des coteaux chargés de vignes, des plaines embellies de fermes et de châteaux; sur les lieux escarpés, d'épaisses forêts, des champs cultivés, des vallons arrosés de sources, des précipices entourés de fleuves; elle est telle en un mot que des étrangers, après l'avoir vue une fois, y ont souvent oublié leur patrie. »

A l'époque des invasions, notre cité, portait encore les noms d'*Urbs Arverna, Augusto-Nemetum.*

Cette ville, si fière de ses prérogatives, perdit en peu de temps et ses richesses et son rang. Elle fut prise et saccagée par les Vandales en 408. Crocus, chef de ces barbares, ayant attaqué et pris Clermont, détruisit de fond en comble tous les édifices qui décoraient la ville.

Ravagée par les troupes d'Honorius en 412, assiégée ensuite par les Wisigoths, elle se défendit vaillamment, à l'aide des Bourguignons, ses alliés. Ce ne fut que deux ans plus tard que Théodoric put y entrer.

Thierry, s'en étant emparé en 507, soumit toute l'Auvergne à la domination des rois francs, et Clermont entra dans le partage des rois d'Austrasie.

En 532, ce même Thierry, apprenant que son frère Childebert s'en était emparé, y vint derechef, détruisant, brûlant et pillant tout sur son passage; l'aqueduc qui conduisait les eaux des montagnes à la ville, ne fut pas même épargné. Clermont éprouva le même sort en 761, en 853 et en 916, années pendant lesquelles la ville tomba successivement au pouvoir de Pépin, des Normands et des Danois.

Ce fut après ces derniers désastres que l'évêque Estienne, deuxième du nom, fit restaurer les murailles de la ville d'Auvergne; ainsi l'appellent nombre d'historiens du temps. Puis elle fut longtemps gouvernée par les comtes d'Aquitaine. Guillaume d'Auvergne, sa femme et ses fils, ayant par un accord cédé certains droits de justice et monnayage à l'évêque Rencon, les successeurs de ce prélat furent en guerre avec les comtes particuliers, jusqu'au seizième siècle, où cette ombre de pouvoir cessa.

En 1100, le roi Louis-le-Gros vint obliger les habitants de Clermont à recevoir leur évêque Étienne VI, qu'ils avaient chassé sous l'influence du comte Eustache. Pendant les douzième et treizième siècles les Anglais firent plusieurs incursions fatales au pays. Enfin en 1220, les bourgeois obtinrent le privilége de se garder eux-mêmes. En **1481**, le roi Louis XI leur accorde quatre foires par an.

Privilége des quatre foires accordées par Louis XI au mois de décembre 1481 aux habitants de la ville de Clermont, en considération de leur fidélité constante.

Louis, par la grâce de Dieu, roy de France, savoir faisons à tous présents et à venir, nous avoir reçu humble supplication de nos chers et nos bien aimés les bourgeois, manants et habitants de notre ville de Clermont en Auvergne, contenant que ladite ville est capitale et principale clef pour la garde dudit pays d'Auvergne, d'ancienne fortification, habitée de plusieurs gens notables de divers estats, qui ont toujours de toute ancienneté bien et loyaument gardé et tenu la dite ville et cité en la viage obéissance de la couronne de France, quelques partis que les seigneurs temporels, tant de ladite ville que les fortes places et châteaux dudit pays, aient tenus, et quelconques guerres que par ci-devant aient eu cours en notre royaume, tant de notre temps que de nos prédécesseurs; et est aussi cette ville assise et située en beau pays et fertile, auquel viennent et affluent plusieurs biens, à l'occasion de quoi et que ses habitants ne pourraient faire argent des biens qui y croissent, payer les rentes qu'ils doivent, et fournir à plusieurs grandes charges qu'ils auraient et ont toujours eu à supporter; lesdits suppliants de piéça obtinrent de nos prédécesseurs rois de France quatre foires l'an, c'est à savoir : l'une à commencer le jour de l'Assomption de Notre-Dame en août, l'autre au jour de saint Martin d'hyver, une autre le jour de saint Nicolas en mai, et l'autre le jour de la Cène, lesquelles foires ils ont toujours depuis tenues et exploitées jusqu'à présent; mais pour ce que les premiers jours de ces foires sont fêtes solennelles et festoyables, et que les sept jours prochains et consécutifs d'après lesdits jours de Notre-Dame et de saint Martin que durent lesdites foires advient souvent qu'à l'un de ces jours est aussi quelque fête festoyable, à cette cause ces suppliants nous ont très-humblement fait supplier et requérir que ces foires leur voulussions translater,

accroître, donner, et octroyer les jours que s'ensuit, c'est à savoir : la première foire, le lundi d'après le dimanche de Pâques
fleuries durant quatre jours suivants, continuels et consécutifs;
la seconde, le lendemain de la fête de saint Nicolas en mai; la
tierce, le premier jour d'août; et la quarte, le troisième jour de
novembre; durant chacune desdites trois foires huit jours ouvrables, prochains et consécutifs, les uns après les autres, et qu'audit jour que se tiendront lesdites foires ils puissent jouir et user de
toutes et telles franchises, manières de coutume, poids, hommages, priviléges, libertés, qu'ont coutume d'avoir, jouir et user les
autres ayant foire audit pays d'Auvergne, et sur ce leur impartir
nos grâces et provision. Pourquoi et favorablement à la supplication et requeste desdits suppliants, et en faveur des grandes
charges et affaires qu'ils ont par ci-devant libéralement suppor-
tées et supportent chaque jour, tant par le fait de nos guerres
qu'autrement en plusieurs et maintes manières, voulant aucune-
ment le reconnaître envers eux, afin que de plus en plus ils soient
plus enclins à servir et obéir, pour ces causes et autres, avons
ordonné, pour lesdites quatre foires que par ci-devant les suppliants ont eues, qu'elles soient translatées et créées en de nouvelles; et par ces présentes, de notre grâce spéciale, pleine puis-
sance et autorité royale, translatons, créons, et établissons en la
ville de Clermont à la manière qui s'ensuit, c'est à savoir : la première au lundi d'après le dimanche de Pâques fleuries, durant
quatre jours ouvrables consécutifs; la seconde, au lendemain d'a-
près saint Nicolas en mai; la troisième, au premier jour d'août;
et la quatrième, au premier jour de novembre, chacune desdites
trois dernières foires durant huit jours ouvrables continuels et
consécutifs les uns après les autres, auxquels jours on pourra
vendre, acheter, et distribuer audit lieu de Clermont, toutes
manières de marchandises licites et honnêtes, comme il est accoutumé de faire les autres foires de notre dit royaume. Sur lesquelles denrées et marchandises, nous donnons plein pouvoir et
autorité par ces dites présents, auxdits suppliants, d'avoir, jouir
et user de toutes manières de coutumes, poids, hommages, priviléges, franchises, et libertés comme ils faisaient et auraient
accoutumé de faire les autres foires qu'ils auraient par ci-devant,

et autres foires de notre dit royaume. Si donnons en mandement par ces mêmes présentes, au baillif de Montferrand, et à tous nos autres officiers et lieutenants, présents et à venir, et à chacun d'eux, si comme à lui appartiendra, que de nos présentes, grâce, octroi, établissement et translation, ils fassent, et souffrent, et laissent lesdits suppliants et leurs successeurs jouir et user pleinement et paisiblement, sans pour cette cause, et aux marchands affluant desdits foires, leurs denrées et marchandises, leur faire mettre et donner, ne souffrir être fait, mis et donné aucun arrêt, detourbre ni empêchement; au contraire, en faisant crier et publier à son de trompe et cri public se tenir lesdites foires, en établissant audit lieu de Clermont loges, places, estaux, et autres choses nécessaires pour l'exercice d'icelles; en tenant aussi en sûreté, durant les jours que se tiendront lesdites foires, les habitants de ladite ville et marchands y affluants avec leurs denrées et marchandises, et lesquels habitants et aussi lesdits marchands, ensemble leurs dites marchandises, nous avons pris et mis, prenons et mettons, durant lesdits jours que se tiendront lesdites foires, allant, revenant et retournant, en notre protection, sûreté et sauvegarde spéciale, pourvu que, durant lesdits jours que se tiendraient lesdites foires audit lieu de Clermont, n'y ait quatre lieues à la ronde quatre foires par quoi ce présent établissement fût et soit préjudiciable à icelles foires en aucune manière; car ainsi nous plaît et voulons être fait nonobstant quelconques ordonnances, mandements, restrictions ou défenses à ce contraires. Et afin que ce soit chose ferme et stable à toujours, nous avons fait mettre notre scel à cesdites présentes sauf en autre chose notre droit, et l'autrui en toutes. Donné à Argenton, au mois de décembre, l'an de grâce mil quatre cent quatre-vingt-un et de notre règne le vingt-unième. Et sur le repli est écrit : Par le roi, les évêques d'Alby, de Lombez et de Chalons, les sires de Bressuyres et de Soliers, maître Thibaut Baillet et autre présent. Et scellé du grand sceau.

Les foires de Clermont ont lieu maintenant :

Le premier vendredi après le 6 janvier à Montferrand (Foire dite *des Rois.*)

Le vendredi avant le jour des Cendres à Montferrand (Foire dite *des Provisions.*)

Le vendredi de la mi-carême à Montferrand.

Le mardi saint à Clermont (Foire *des Demi-provisions*).

Le 9 mai, Clermont.

Le 24 juin, Clermont.

Le 16 août, Clermont.

Le 11 novembre, Clermont.

Le 6 décembre, Montferrand.

Les marchés de ces deux villes sont :

Les mercredis et les samedis, à Clermont ;

Les vendredis, à Montferrand.

Clermont fut déclaré ville capitale du duché d'Auvergne en 1556. Pendant la praguerie, la ligue du bien public, les guerres religieuses, en un mot, lors de toutes les grandes secousses nationales, Clermont resta fidèle au roi.

Par les grands priviléges et la protection constante que cette ville avait reçus des rois de France, elle se considérait comme déjà réunie à la couronne. Catherine de Médicis, en sa qualité de comtesse d'Auvergne, l'y réunit de fait sinon de droit.

En 1665, s'ouvrirent à Clermont les séances de la cour des grands jours pour réprimer les vexations et les désordres des derniers seigneurs.

En 1630, Louis XIII réunit à cette ville celle de Montferrand, sous le nom collectif de Clermont-Ferrand. La cour des aides, établie d'abord à Montferrand, fut transférée à Clermont, et les habitants de cette première ville furent, à titre de dédommagement, dégagés de tous impôts de tailles et de corvées ; de plus le collége ci-devant établi à Clermont dut être transféré à Montferrand. Cette ordonnance ne reçut son effet qu'en 1731.

Depuis quelques années la ville de Clermont s'est fort embellie et agrandie ; de nouvelles rues larges et bien percées ont été ouvertes. Les administrations municipales qui se sont succédé, ont rivalisé de zèle et de sollicitude pour l'utilité générale.

Plusieurs quartiers ont été entièrement rebâtis; de nouvelles constructions se sont élevées, et forment des quartiers neufs remarquables par leur élégance; les promenades s'embellissent chaque jour, et les fontaines se multiplient.

Enfin une voie ferrée, reliant le midi et le nord de la France, et faisant de Clermont un entrepôt considérable, vient d'être livrée à la circulation. Désormais les étrangers peuvent en quelques heures venir admirer la charmante position de notre ville, les curiosités qu'elle renferme, et le contraste de ses différents aspects.

Curiosités de la ville de Clermont.

La cathédrale, après avoir subi les vicissitudes des autres monuments de la cité sous le flot des Barbares dévastateurs, fut, par les soins de l'évêque Hugues de la Tour, réédifiée sur les restes d'une ancienne chapelle, d'après les plans de Jean Deschamps, en 1248. Continuée sous son successeur, la porte de la rue des Gras restait à construire, en 1490 ; mais, soit pénurie, soit par suite des troubles de guerre, trois siècles se sont écoulés déjà, sans que cet imposant édifice ait été achevé. Sa longueur est de 97 mètres 50 centimètres ; sa largeur, de 40 mètres 50 centimètres, et son élévation, 32 mètres du pavé à la voûte d'ogive, soutenue par cinquant-six piliers d'une délicatesse remarquable.

L'autel des douze apôtres, dans la chapelle dédiée à saint Pierre derrière le maître autel, a servi de sépulture ; il fut extrait de l'ancienne église dite du Saint-Sépulcre, autrefois située sur l'emplacement qu'occupa en 1515 la fontaine de Jacques d'Amboise, aujourd'hui la place de la Comédie.

On y remarque de superbes verrières, martyrologes en action des saints dont la mémoire est vénérée dans les dix chapelles qui forment le chevet du chœur.

Quelques démolisseurs de 93 ayant convoité le jubé construit, en 1440, entre la nef et le chœur, ce monument fut détruit, et servit plus tard à orner la façade de la maison n° 48, au faubourg Fontgiève.

La cathédrale fut entièrement couverte en plomb, par les soins et en partie aux frais de Jacques d'Amboise, évêque de Clermont, en 1511.

Les jolies rosaces des portes de la Comédie et place Devant-Clermont ont souffert des orages de 1835.

Le jeu des cloches désigné sous le nom de Jacquemart, que l'on voit en sortant par la porte septentrionale, fut enlevé dans un ancien temple de la ville d'Issoire, pendant les guerres de religion en 1577.

Des galeries extérieures et du sommet de la tour de l'horloge, se déroule à l'horizon un panorama où prennent place mille bourgs ou villages que l'on a rarement le temps de visiter en détail. Du nord à l'est, une plaine immense, une vallée magnifique qu'arrose l'Allier; de ce côté, la ville de Montferrand occupe le premier plan; au-delà, une foule de hauts-fourneaux se détachent au milieu de la verdure (ce sont les fabriques de sucre d'Aulnat et de Bourdon). A l'opposé, se déploie un demi-cercle de monts, dont la ville occupe le centre; le milieu de la courbe est occupé par le majestueux puy de Dôme. Au sud, on remarque le vaste plateau de Gergovia (1), le puy volcanique de Gravenoire et le château de Mont-Rognon, dont le sommet conique offre les ruines d'une forteresse féodale (2).

---

(1) Oppidum gaulois, si funeste aux légions de César assiégeant Vercingétorix. On sait que ce redoutable chef arverne tint longtemps en échec la fortune du plus grand des Romains, et personne n'ignore son généreux dévouement sous les murs d'Alise.

(2) Ce lieu, appelé dans les anciens titres latins *Mons-Rugosus*, tire son étymologie de *Mont-Rogneux*, c'est-à-dire difficile à gravir. On y voit les ruines d'un château-fort, bâti vers 1200 par un certain Dauphin qualifié de comte d'Auvergne et de Clermont.

A ce propos je prends la liberté de copier dans les *Preuves* de la *Généalogie de la maison d'Auvergne* un vieux titre écrit en langue du pays.

Un certain Anselme d'Olbi, qui y est appelé *Naselmes*, suivant la manière de parler et d'écrire de ce temps-là, ayant fait un traité avec le comte Dauphin, il lui abandonna, entre autres choses, un chazal ou bâtiment qui lui appartenait dans e château de Montrognon que le comte avait bâti. Ce titre est sans date.

Extrait du trésor des Chartes de Turenne.

Nazelmes d'Olbi avia grabusas de terras am li comte d'Alfi, è accorderunt sen el coms convencli un seisteir de froment que devia i dotme d'una terra de Clemensac li redreia è il faria portar lui è au seus, è cinq sols deptals q. à a Boiosciol el prat cuminal, è cinq cartas de froment que a el prat Cairel, è un coig de terra à Cussac aiso es en la guertzeira de Chamaleira, que sei à l'évesque de Coms à o mandar à l'evesque per sas literas è sar paejeira de sa bocha que reda la terra

La bulustrade de la façade place Devant-Clermont, et les chenaux fantastiques qui entourent l'église, sont l'œuvre d'un naïf imagier du quatorzième siècle.

Maison Faure et Collangette, impasse de la même place, la porte aux chiffres enlacés de Diane de Poitiers et de Henri II, roi de France.

A la Mairie, rue des Notaires, la collection de tableaux, armes et émaux, léguée à la ville par M. l'avocat Michel, et déposée dans la salle du Conseil, en attendant que les édiles puissent disposer d'un local où le public soit admis librement. — La *Mort de Bonchamp*, par Degeorges, peintre auvergnat. Né en 1759, dans une ville d'Anjou, Arthus de Bonchamp servit dans l'Inde, pendant les guerres d'Amérique ; fut, en 1793, avec d'Elbée, un des chefs royalistes de la Vendée ; contribua puissamment à la prise de Bressuire, de Thouars et de Fontenai, et fut blessé mortellement devant Chollet, le 17 octobre de la même année.

— La *République proclamée à la Guadeloupe, en* 1848, tableau de Biard.

La Poterne, place agréablement située au bout de la rue ci-dessus. Elle fut convertie en promenade sous l'intendance de M. Bidé de la Granville, en 1725.

Vue du faubourg Saint-Allyre : à gauche, l'église Saint-Eutrope, la chapelle moderne du couvent des sœurs de Saint-Joseph.

Cet établissement, fondé en 1666, est une maison de refuge pour les filles repentantes. On y a joint, depuis

Noselme que soa es, è si non o fasia, quant lo auria Chamaleira, el lo rodreia e lo faria aver et portar lui è au seus si non o avia fait dins cinq ans, el len redreia eschamnhe per valeisa lui è au sens en esta contrada anquers li covene. Lo coms mais quèl lo manteria lui ou seus de sas queridas, Naselme d'Olbi laiset al conite lui e au sens las tèrras d'Anzac, mais la carta par en retenue seu è au seus anguers li laiset, mois un chazal qu'era dins lo chatel de Morunho, quel coms avia bastit.

quelques années, une classe d'enfants ou salle d'asile. Sur le même plan, à droite, le cloître des religieuses Ursulines (on y reçoit des élèves pensionnaires).

Enfin, les plateaux des Côtes, où la tradition rapporte que les jeunes Arvernes allaient s'exercer aux travaux de Mars (le dieu de la guerre). — Mont-Juzet, qui avait un temple dédié à Jupiter, était servi par des prêtresses ou fades. — Chantourgue (champs d'orgie), lieu où les prêtres de Bacchus célébraient leurs bacchanales échevelées, après de copieuses libations du vin du crû. Les produits de ces coteaux sont les meilleurs du pays.

Rue du Port, l'église Notre-Dame, bâtie, suivant Grégoire de Tours, vers l'an 580, par saint Avit, dix-huitième évêque d'Auvergne, incendiée par les Normands en 853, puis restaurée par saint Sigon, quarante-troisième successeur d'Austremoine; elle est un des plus anciens et des plus remarquables édifices de Clermont. Les ornements et bas-reliefs de la porte méridionale, quoique mutilés, donnent encore une idée de son ancienne splendeur. En divers endroits, les murs extérieurs sont composés de mosaïques de pierres noires et blanches, cachet du style byzantin. Au-dessous de l'abside est une crypte où l'on descend par deux escaliers restaurés dans le goût de l'époque. Au centre de la chapelle souterraine se trouve un puits, et sur l'autel on voit une statue de la Vierge, contemporaine du lieu. Sa figure est noire. D'après une pieuse légende, elle serait miraculeusement sortie de ce puits. Chaque année, au mois de mai, on célèbre une fête, pendant laquelle elle est triomphalement portée dans la ville, suivie de nombreux fidèles descendus des montagnes.

On lit dans un terrier du quatorzième ou quinzième siècle, que le doyen du chapitre de Notre-Dame-du-

Port (1) avait droit d'officier, l'oiseau sur la perche gauche, lorsqu'il était à l'autel ; de faire porter une hallebarde devant lui , de la porter lorsqu'on chantait l'Évangile et aux processions ; il avait alors l'oiseau sur le poing , et il était suivi de ses serviteurs , tenant en lesse ses chiens de chasse.

Quartier des Quatre-Maisons , on peut visiter les fabriques de gomme et de fonte , dans l'établissement Barbier et Daubrée , nº 15.

Dans l'église des Carmes-Déchaussés, près le cimetière, le sarcophage chrétien , en marbre , servant d'autel (2). On voit, dans la sacristie de cette chapelle, un beau *Martyre de saint Étienne*, dû au pinceau de Carle Wanloo. (Ce peintre célèbre naquit à Nice en 1705, et mourut à Paris en 1765.) Il y a aussi un autre tableau curieux, fixé à l'autel de gauche (Voir la *planche 1re*).

Le cimetière renferme quelques beaux morceaux de sculpture moderne, et une Vierge en émail de Limoges. Nous laissons à l'amateur le soin de remarquer les détails.

Rue des Jacobins, l'ancien couvent des Frères-Prêcheurs, fondé , en 1278 , sur l'emplacement où fut annoncée la première croisade (en 1095). Le pape Urbain II assembla un concile à Clermont ; il le présida, et fulmina une sentence d'excommunication contre le roi Philippe de France et sa femme Bertrade. Puis, sur les remontrances de Pierre-l'Hermite, prêtre du diocèse d'Amiens, on résolut une croisade pour recouvrer, dans l'Orient, les terres possédées par les infidèles. Détruite en partie par un incendie, cette église fut restaurée, en 1444, par Jacques Ier de Comborn,

---

(1) Ce chapitre fut fondé et doté par un comte d'Auvergne dont le nom nous est inconnu

(2) Où sont sculptées des figures représentant la guérison du paralytique, la résurrection de Lazare, Jésus et la Samaritaine, l'entrée dans Jérusalem.

évêque de Clermont. Les coutumes d'Auvergne y furent rédigées, en 1510, dans une assemblée de notables du haut et du bas pays. Il y a peu de temps, on pouvait encore y voir quelques fresques assez curieuses ; mais un badigeon les a maladroitement recouvertes de couleur jaune.

La fontaine nouvellement érigée au milieu de l'avenue du cours Sablon, à l'angle de la rue des Capucins, fut construite par les ordres de monseigneur l'évêque Jacques d'Amboise, en 1515, sur l'ancien emplacement de l'église du Saint-Sépulcre ; elle fut transférée sur la place Delille, en 1808. C'est un curieux morceau d'architecture gothique et renaissance ; vus à distance, ses jets capricieux sont d'un effet magique.

En remontant le boulevard de la Pyramide, dans l'avenue de gauche, le jardin des Plantes, ouvert du 1er avril au 1er novembre, depuis deux heures jusqu'à la chute du jour.

M. Lecoq a établi dans ce jardin une classification fondée sur la méthode naturelle. Les végétaux, dont le nombre s'élève à 3500, sont disposés par familles naturelles, et ces familles sont rangées d'après l'ordre du prodrome de M. de Candolle.

La fontaine de la Pyramide, sur la place de ce nom (*ex-voto* en mémoire du général Desaix).

Les Établissements scientifiques de la ville (même place), dans l'ancien hôpital des Pères de la Charité.

« En 1696, Jean Gaschier, lieutenant criminel de Clermont, avait donné sa maison, dite le Château-Gaillard, à des religieux de la Charité, pour en faire un hôpital de malades. Les sections du quartier Saint-Jacques y tinrent leurs séances en 93. » Aujourd'hui, ce local est occupé par la Bibliothèque de la ville, composée de 21,000 volumes. Elle est ouverte au public, tous les jours, depuis le 3 novembre jusqu'au 25 août, excepté les dimanches et jours

de fêtes, de dix heures du matin à deux heures du soir.
On y trouve réunis à peu près tous les documents publiés
sur l'Auvergne, de curieux manuscrits, un commencement
de collection de monnaies, dont la plupart léguées à la
ville par M. de Féligonde père (d'honorable mémoire);
la statue de Pascal, par Ramey; le buste de Delille, par
Flatters; celui de Gonod, par Chalonnax (artiste auvergnat).
Bibliothécaire, M. Desbouis, rue de la Treille, 25. — Le cabinet d'histoire naturelle, composé d'oiseaux, reptiles,
insectes, coquillages, plantes, minéraux et fossiles. Conservateur, M. Lecoq, rue de l'Eclache, 15. — Les écoles
publiques gratuites, et provisoirement les cours des Facul-
tés des sciences et des lettres.

Rue Saint-Jacques, le Musée, qui, nous l'espérons, sor-
tira incessamment de ce local provisoire et non public,
renferme déjà quelques antiquités gallo-romaines, beau-
coup de tableaux, des émaux, une mosaïque trouvée à Clermont, rue d'Assas, en 1829, des armes et des ustensiles
du moyen âge. M. Bouillet, auteur de plusieurs ouvrages
sur l'Auvergne, et conservateur du Musée, doit donner à
la ville sa riche collection, aussitôt qu'un local convenable
aura été disposé à cet effet.

La place du Taureau. — Vue dont on jouit. — Au sud-
ouest, les montagnes de Gergovia et Mont-Rognon, dont il
a été ci-devant parlé; le village de Beaumont. Il y avait
autrefois un riche couvent, fondé par un comte d'Auvergne; il fut réformé, en 1650, par les soins de l'abbesse
N. Legroin de la Poivrière. —Montaudoux, où il reste quelques ruines antiques (*Mons Teutates*), montagne et temple
consacrés à Mercure.

A l'angle du boulevard de la Pyramide et de la rue de
l'Hôtel-Dieu, l'hôpital de ce nom. Cet hôpital fut doté
par messire Guillaume Duprat, évêque de Clermont. Les
sœurs de Saint-Vincent y consacrent leur charité au sou-

2

lagement des malades. A l'angle nord de cet établissement, on peut admirer le puy de Chateix, vulgairement appelé *Greniers de César* (ruines d'un ancien château ayant appartenu aux dauphins d'Auvergne). — Royat et son église fortifiée, dans une vallée délicieuse. — Les villas de Belle-Vue, Saint-Victor, les Galoubies et la maison de campagne du grand séminaire, se détachent dans un amphithéâtre de pampres et d'arbres fruitiers, d'un pittoresque remarquable.

Retournant sur ses pas, le curieux verra avec plaisir, rue Ballainvilliers, la maison Bargoin, dont les détails sont d'un élégant style.

La halle au blé, fondée en **1762**, sous l'intendance de M. de Ballainvilliers. — Cet édifice fut recouvert de greniers d'abondance et entouré de grilles de fer en **1822**, puis entièrement rebâti.

Le Collége, rue des Aises, fondé sous l'intendance de M. de Trudaine, en **1629**, fut alternativement administré par des prêtres séculiers, jusqu'en **1663**; leurs successeurs, les Jésuites, ayant été expulsés en **1762**, les précédents furent réintégrés jusqu'à la République. Pendant les années **1793** et suivantes, jusqu'en **1796**, une école centrale y fut établie, mais une nouvelle ordonnance y créa un lycée impérial.

L'église des Carmes, rue Neuve de ce nom, consacrée en **1742**, par l'évêque Jacques de Conborn. — Les verrières, les ornements et peintures murales, de M. Emile Thibaud, sont au-dessus de tout éloge. — Le tombeau de M. de Ballainvilliers, intendant d'Auvergne.

Rue Domat, le Chateau-d'Eau, adossé à l'horrible salle de spectacle de la ville. — La distribution de ses eaux (pour le visiter, s'adresser à M. Larose, mécanicien, en face les magasins Sauret).

Les curieuses tapisseries de l'ancienne salle où se tinrent les séances des Grands-Jours d'Auvergne , petite rue de ce nom, derrière la cathédrale.

Place des Petits-Arbres, vue des monts Dômes. — La Préfecture.

Place des Cordeliers, dépôt des archives du département, dans la chapelle de l'ancienne église, bâtie en 1273, sur les ruines d'un vieux château, par les soins de Guy de la Tour, père de l'évêque de ce nom.

Les archives se composent :

1° Des fonds ou archives des chapitres et communautés religieuses supprimés en 1789;

2° Des archives des familles dont les membres avaient émigré;

3° Des archives de l'administration de l'intendance de la généralité d'Auvergne (élections et subdélégations);

4° Des archives de la commission intermédiaire provinciale;

5° Des documents spéciaux aux administrations de département, de district et de canton, depuis la division en départements jusqu'à l'institution des préfectures, en l'an VIII (1800);

6° De la collection spéciale des ventes de biens nationaux;

7° Des documents de l'administration préfectorale.

Le fonds des archives antérieures à 1790, est riche en chartes ou pièces historiques : lettres patentes et autographes des rois , bulles des papes , lettres autographes des princes , cardinaux, évêques, grands officiers de la couronne, etc., etc.

Parmi les fonds nombreux que ce dépôt renferme, on remarque ceux du chapitre de la cathédrale , de l'évêché , de l'abbaye des Bénédictins de Saint-Allyre , de l'abbaye des Prémontrés de Saint-André.

Les chartes antérieures au douzième siècle y sont en

assez grand nombre. Il y en a de très-intéressantes pour l'histoire de la province.

La plus ancienne du dépôt est une charte du roi Eudes, de 892 à 896.

Archiviste : M. COHENDY, rue de l'Escalier, 6.

Dans le jardin des Salles, au fond la place de Jaude, voir la muraille antique.

Sur la place, la statue en bronze du général Desaix. — J.-C.-Ant. Desaix, naquit à Saint-Hilaire-d'Ayat (Auvergne) en 1768. — Parvenu au grade de général de division à l'armée du Rhin, il défendit Kehl en 1796; accompagna Bonaparte en Orient; s'empara de la haute Egypte, et s'y conduisit avec tant de modération, que les Musulmans le surnommèrent *Sultan Juste.* — A son retour en France, il reçut le commandement de deux divisions de l'armée d'Italie; il fut tué à Marengo en 1800. La renommée de ses vertus est gravée sur le bronze et dans les fastes immortels de l'histoire.

A l'angle de la rue Blatin et de la place de Jaude, la maison Gorsse.

Près les Messageries, l'église des Minimes, fondée en 1630. Les boiseries qui ornent le chœur, et le tableau représentant la visite à la crèche de Jésus nouveau-né, sont dignes de fixer l'attention de l'amateur.

La halle aux toiles et ses nouveaux magasins, à l'extrémité opposée de la même place.

Rue de l'Écu, la maison Gaillard.

La nouvelle chapelle de l'Hôpital général, rue Sainte-Rose (ses beaux vitraux peints). « En 1658, les notables de la ville, de concert avec Mgr d'Estaing, fondèrent cet hospice, afin d'y recueillir les enfants de l'amour et les misères infirmes *(pl. 5).* »

Rue des Chats, faubourg Saint-Allyre, et à l'angle des rues du Pérou et Neuve-Sainte-Claire, les sources d'eau

ferrugineuse. Les propriétaires de ces curieux établissements exposent à des courants de pluie, des oiseaux, de
fruits et autres objets, qui se couvrent en quelques jours
d'une brillante couche de sédiment calcaire.

Voir, sur la place Saint-Hérem, la belle maison Guillot.

Petite rue Saint-Pierre, maison Déchelettes, les sculp-
tures de l'escalier renaissance, dont nous donnons ici le
dessin *(pl. 3)*.

Rue des Gras, la maison n° 22, au fond du corridor, à
droite, dans une petite cour, les gracieux musiciens ayant
servi de tympan à une porte renaissance (Voir *pl. 4)*.

Rue des Chaussetiers, n° 3, la porte et la cage d'escalier
de la maison Degeorge (Sujet de la couverture et de la 2ᵉ
planche).

Pour les détails de promenade hors la ville, voir les ouvrages ci-dessous :

Royat, ses eaux et ses environs, itinéraire descriptif,
par M. E. Thibaud ;

L'Indicateur d'Auvergne, ou *Guide des voyageurs aux
lieux et aux monuments remarquables situés dans les départements du Puy-de-Dôme, du Cantal et de la Haute-
Loire*, par H. Lecoq ;

Le château de Tournoël, par Gonod ;

*Notice sur l'ancien royaume des Auvergnats et sur la
ville de Clermont*, par Delarbre ;

*L'Auvergne au moyen âge. — Les monastères. — His-
toire des ordres monastiques en Auvergne*, par Dominique
Branche ;

*Essai historique sur les anciens habitants de l'Au-
vergne*, par Mourguye ;

Le Mont-Dore et ses environs, par Lecoq ;

*Description historique et scientifique de la haute Au-
vergne et du Cantal*, par J.-B. Bouillet ;

*Lettres minéralogiques et géologiques sur les volcans de
l'Auvergne*, par Lacoste ;

Observations sur les volcans d'Auvergne, suivies de divers objets, par Lacoste;

Catalogue des espèces et variétés de mollusques terrestres et fluviatiles, observés jusqu'à ce jour à l'état vivant, dans la haute et basse Auvergne, suivi d'un autre catalogue des espèces fossiles, par J.-B. Bouillet;

Considérations historiques et critiques sur les vitraux anciens et modernes, et sur la peinture sur verre, par E. Thibaud;

L'ancienne Auvergne et le Velay.

Histoire des guerres civiles, politiques et religieuses dans les montagnes du Velay, pendant le seizième siècle, par F. Mandet;

Essai sur l'entomologie du département du Puy-de-Dôme, par B.-L. (Baudet-Lafarge);

Histoire de Vercingetorix, par J. Ribauld;

Carte de l'ancien duché d'Auvergne, par J. Jeanson, 1647;

Vues et coupes géologiques des principales formations géologiques du département du Puy-de-Dôme, par H. Lecoq et J.-B. Bouillet;

Voyages agronomiques en Auvergne, par de Pradt;

Lettre sur le puy de Chopine, par de Laizer;

Description du volcan de Pariou, par H. Lecoq;

Topographie minéralogique du département du Puy-de-Dôme, par J.-B. Bouillet;

Vichy et ses environs, par H. Lecoq.

Nota. — Tous les ouvrages ci-dessus se trouvent à la librairie Grange, rue d'Assas, 24, au 1er.

CABINETS D'AMATEURS A VISITER.

Antiquités et collection de monnaies, minéraux, coquillages, M. Bouillet, rue du Port, 12.

Minéralogie et antiques, M. Monestier, rue du Port, 19.

L'atelier de peinture de M. Robert, même rue, 25.

Armes et émaux, tableaux, objets de curiosité, M. CHAMPFLOUR, rue Barnier, 13.

Riche collection de fragments antiques, ossements fossiles, etc., M. DE LAIZER, au cours Sablon.

Même maison, vases, armes, émaux et serrurerie au moyen âge, collection COMPAGNON, architecte du chemin de fer.

M. LEDRU, architecte, monnaies et objets gaulois, rue de l'Éclache, 19.

Riches collections géologiques de M. LECOQ, rue de l'Éclache, 15.

Les annales métalliques de M. LARGÉ, ancien inspecteur de l'académie, rue Ballainvilliers, 7.

Le cabinet et les ateliers de M. Émile THIBAUD, peintre verrier, rue de la Treille, 21.

L'atelier de peinture de M. DELAFOULHOUZE, rue Saint-Éloi, 32.

La collection de M. MIOCHE, rue Saint-Genès.

M. ROUX, peintre, rue Terrasse, 14.

Atelier de peinture de M. RICHOUX, rue Savaron, 1.

L'atelier de M. FAURE, peintre sur verre, rue Pascal, 8.

Collection d'émaux, objets religieux, M. l'abbé FAUCHER, rue du Port, 10.

Le cabinet de M. THEVENOT, émaux et objets du moyen âge, place d'Espagne, 16.

L'ameublement et la bibliothèque de M. DE LAVERGNE, place Delille, 6.

M. MATHIEU, antiquités, monnaies, place de Jaude.

Même maison, M. MAYMAT, riche collection d'insectes.

Route de Chamalières, les ateliers et collections céramiques, armes, tableaux, émaux et objets du moyen âge, meubles et ustensiles étrangers, échantillons de minéralogie, M. FABRE, peintre verrier.

Magasin de librairie ancienne et moderne, curiosités, tableaux, M. AIGUEPERSE, rue Massillon.

M. Laussedat, luthier, poteries céramiques, incrustations de Saint-Nectaire, rue Domat.

Librairie archéologique, ouvrages d'agriculture, antiquités, monnaies, M. Grange, rue d'Assas, 21.

Noms des rues, Places, Promenades, Passages, etc.,
de Clermont.

Rues, Places, Promenades, Culs-de-sac.	Tenants.	Aboutissants.
r. du Cim.-St.-Adjut.	rue St.-Adjutor.	rue du Champgil.
rue St.-Adjutor	rue St.-Dominique.	rue des Vieillards.
rue des Aimés.	rue Barnier.	place du Port,
rue des Aises.	rue du Collége.	r. Neuve-des-Carmes.
rue d'Allagnat.	rue Torte.	rue d'Assas.
rue Dallet.	rue Montlosier.	rue Barnier.
rue St.-Alyre.	rue Ste-Claire	barrière St.-Alyre.
r. St.-André (barrièr.)		
rue St.-André.	place du Champgil.	rue Haute-St.-André.
r. St.-André (Haute.)	rue Ste-Madeleine.	rue Ste-Catherine.
rue de l'Ange.	rue St.-Dominique.	rue Ste-Rose.
pl. des Petits-Arbres.	rue St.-Esprit.	boul. de la Préfecture.
r. St.-Arthême (gr.)	rue de la Garde.	Barrière.
r. St.-Arthême (petite)	grande r. St.-Arthême	rue de la Morée.
rue d'Assas.	rue de l'Hôtel-Dieu	place de Jaude.
r. Sous-les-Augustins.	r. Neuve-Ste-Claire.	r. Sidoine-Apollinaire
pl. St.-Austremoine	r. du Grand-Sémin.	
r. Ant. d'Auvergne.	rue Savaron.	p. Michel de l'Hospit.
rue Ballainvilliers.	rue St.-Esprit.	boul. de l'Hôtel-Dieu.
rue Bancal.	rue de l'Hôtel-Dieu.	rue d'Allagnat.
rue Bansac.	place Delille.	barrière d'Issoire.
rue Barbançon.	rue Domat.	rue du Terrail.
rue Barnier.	rue du Port.	place d'Espagne.
rue St.-Barthélemy.	place St.-Pierre.	rue des Gras.
rue Beauregard.	rue du Port.	rue Barnier.
rue St.-Benoit.	p. du marché au Blé.	rue du Chapon.
rue du Billard.	boul. de la Préfecture.	rue d'Assas.
rue Blatin.	place de Jaude.	Barrière.
rue Boirot.	marché au Poisson.	place St.-Hérem.
rue du Bois-de-Cros.	place de Jaude.	Barrière.
rue des Bohêmes.	rue du Port.	rue Pascal.
rue des Bons-Enfans.	marché au Poisson.	place St.-Hérem.
r. des Bonnes-Femmes	rue de l'Hôtel-Dieu.	rue Jolie.
rue du Bon-Pasteur.	boul. de l'Hôtel-Dieu.	rue St.-Guillaume.
r. de la Boucherie (gr.)	marché au Poisson.	place St.-Pierre.
pas. de God. Bouillon	place Delille.	rue des Jacobins.

RUES, Places, Promenades, Culs-de-sac.	TENANTS.	ABOUTISSANTS.
place de la Bourse.	rue des Gras.	pl. Devant-Clermont.
rue des Bughes.	r. S.-l'enclos-Ste-Clair.	Barrière.
rue Cachée.	pl. du Poids-de-Ville.	rue de l'Ange.
rue Cadène.	rue St.-Dominique.	rue du Bois-de-Cros.
rue des Capucins.	pl. Michel de l'Hosp.	r. Sous-les-Capucins.
r. Sous-les-Capucins.	rue des Capucins.	Barrière.
r. Neuve-des-Carmes.	rue de l'Abbé-Girard.	pl. Mich. de l'Hospital
r. Pl.-F. des Carmes.		r. Grégoire de Tours.
rue St.-Catherine.	rue du Passeport.	bar. Ste Catherine.
Ste. Catherine (bar.)	rue Ste Catherine.	
rue des Champs.	rue Ballainvilliers.	rue de l'Eclache.
rue du Champgil.	rue St.-Adjutor.	place du Champgil.
place du Champgil.	rue St.-André.	rue St.-Dominique.
r. Chapelle-de-Jaude.	rue Jolie.	rue Gonod.
pl. Chapelle-de-Jaude.	place de Jaude.	Barrière.
rue du Chapon.	r. de l'Abbé-Lacoste.	cours Sablon.
rue Charretière.	rue Jolie.	rue de l'Hôtel-Dieu.
rue des Chats.	rue St.-Alyre.	aux Eaux pétrifiantes,
passage Chaufour.	r. S.-l'Enclos-Ste-Cl.	rue Chaufour.
rue Chaufour.	r. Neuve-Ste-Claire.	rue des Bughes.
r. des Chaussetiers.	pl. Derrière-Clerm.	rue du Cheval-Blanc.
cul-de-s. des Chausse.	rue des Chaussetiers.	
rue du Cheval-Blanc.	rue des Petits-Gras.	rue des Gras.
cul-de-s. du Chev.-Bl.	rue du Cheval-Blanc.	
r. de l'An.-Cimetière.	rue de l'Hôtel-Dieu.	rue Jolie.
rue Ste. Claire.	pl. du Poids-de-Ville.	rue de la Garde.
r. Sous-l'encl.-Ste-Cl.	r. Neuve-Ste-Claire.	rue des Bughes.
r. neuve Ste. Claire.	place St.-Hérem.	rue Chaufour.
petite rue Ste.-Claire.	rue Ste-Claire.	rue Neuve-Ste-Claire.
r. Traver. Ste.-Claire.	rue Fontgiève.	rue Ste-Claire.
pl. Devant-Clermont.	rue des Notaires.	rue des Grands-Jours.
pl. Derrière-Clermont.	rue du Terrail.	rue Royale.
rue du Coche.	rue du Billard.	place de Jaude.
rue de la Coifferie.	rue des Gras.	marché au Poisson.
c.-d.-s. de la Coifferie.	rue de la Coifferie.	
rue du Collége.	rue Ballainvilliers.	rue des Aises.
Courtial de St.-Alyre	rue St.-Alyre.	
cul-de-s. du Courtial.	b. du Grand-Sémin.	
rue Couronne.	rue du Port.	place d'Espagne.
rue Croix-du-Pavage.	rue Fontgiève.	
rue St.-Cirgues.	rue Fontgiève.	bar. St.-Cirgues.
place Delille.	b. du Grand-Sémin.	rue des Jacobins.
rue Neuve-Désaix.	rue Ballainvilliers.	place Désaix.
place Desaix.	rue Neuve-Désaix.	rue St.-Genès.
rue Domat.	pl. Derrière-Clermont	rue Massillon.
rue St.-Dominique.	rue de l'Ecu.	bar. St.-Dominique.
rue de l'Echo.	barrière d'Issoire.	
rue de l'Eclache.	rue du Chapon.	boul. de la Pyramide.

Rues, Places, Promenades, Culs-de-sac.	Tenants.	Aboutissants.
rue de l'Ecu.	rue St.-Louis.	place de Jaude.
rue St.-Eloi.	rue Ballainvilliers.	r. St.-Vincent-de-Paul
cul-de-s. de St.-Eloi.	rue St.-Eloi.	
rue de l'Enfer.	rue de l'Abbé-Lacoste.	rue des Champs.
rue de l'Ente.	rue de la Coifferie.	marché aux Poissons.
r. du Petit-Escalier.	r. du Grand-Escalier.	r. des Bonnes-Femm.
r. du Grand-Escalier.	rue de l'Hôtel-Dieu.	rue Jolie.
place d'Espagne,	place Delille.	nouv. pl. d'Espagne.
rue Espagnolette.	place d'Espagne.	rue du Port.
pl. d'Espagne (nouv.)	place d'Espagne.	place St.-Hérem.
rue du St.-Esprit.	rue Ballainvilliers.	pl. des Petits-Arbres.
place de l'Etoile.	Cours Sablon.	
rue de l'Etoile.	rue St.-Louis.	rue des Vieillards.
rue des Fauchers.	marché au Poisson	place St.-Pierre
r. des Pet.-Fauchers.	place St.-Hérem.	rue des Fauchers.
rue Forozan.	rue des Aises.	rue de la Treille.
r. Font.-de-la-Flèche.	rue Neyron.	rue du Grand-Sémin.
petite r. de la Flèche.	r. du Grand-Séminair.	rue de la Flèche.
rue Fontgiève.	pl. du Poids-de-Ville.	barr. de Fontgiève.
rue Haute-Fontgiève.	rue Fontgiève.	rue du Passeport.
r. Traver.-Fon g ève.	rue Fontgiève.	rue Ste-Claire.
pl. Derrière-Clermont.	rue St.-Genès.	rue Royale.
cul-de-sac de la Forge	rue St.-Dominique.	
rue St.-François.	rue des Bonnes-Fem.	rue Lagarlaye.
rue de la Garde.	rue St.-Alyre.	grande r. Ste-Claire.
rue St.-Genès.	pl. Royale.	place Desaix.
rue Ste.-Georges.	rue Ste Claire.	rue des Chats.
pet. rue Ste-Georges.	rue Ste-Georges.	rue des Trois-Ponts.
cul-de-sac Ste-Georg.	rue Ste-Georges.	
r. de l'Abbé-Girard.	r. Neuve-des-Carmes.	r. Grégoire de Tours.
rue Gerest.	rue Neuve.	rue Halle aux Toiles.
rue Gonod.	place de Jaude.	Barrière.
r. des Grands-Jours.	pl. Devant-Clermont.	rue du Terrail.
pet. r. des Grands-Jo.	rue du Terrail.	r. des Grands-Jours.
rue des Gras.	place des Gras.	rue de l'Ecu.
place des Gras.	place de la Bourse.	rue des Gras.
rue des Petits-Gras.	rue des Chaussetiers.	pl. Sugny ou des Cord.
r. Grégoire de Tours	rue Massillon.	p. Michel de l'Hospit.
imp. Grég.-de-Tours.	rue Grégoire de Tours.	
rue St-Guillaume.	rue St.-Jacques.	rue du Bon-Pasteur.
r. Halle-aux-Toiles.	boul. de la Préfecture.	rue Gerest.
r. Halle-de-Boulogne.	rue Thomas.	rue Pascal.
place St-Hérem.	rue des Notaires.	pl. du Poids-de-Ville.
r. de l'Ancien-Hôpit.	rue St.-Barthélemy.	r. St.-Louis.
p. Michel de l'Hospit.	rue Marché-au-Blé.	cours Sablon.
r. de l'Hôtel-Dieu.	pl. des Petits-Arbres.	boul. de l'Hôtel-Dieu.
boul. de l'Hôtel-Dieu.	rue Ballainvilliers.	rue de l'Hôtel-Dieu.

Rues, Places, Promenades, Culs-de-sac.	Tenants.	Aboutissants.
4e cul-de sac de l'Hô-tel-Dieu.	rue de l'Hôtel-Dieu.	
p. de l'Hôtel-de-Ville	rue des Notaires.	rue Thomas.
rue des Jacobins.	place Delille.	bar. des Jacobins.
bar. des Jacobins.	rue des Jacobins.	route de Montferrand.
rue St-Jacques.	rue Ballainvilliers.	barrière St.-Jacques.
place de Jaude.	rue de l'Ecu.	r. de la Chapelle-de-J.
rue Jolie.	place de Jaude.	rue Lagarlaye.
rue St-Joseph.	rue St.-Jacques.	rue du Bon-Pasteur.
rue Lagarlaye.	rue de l'Hôtel-Dieu.	rue Jolie.
rue St-Laurent.	rue du Port.	rue Neyron.
rue l'Abbé-Lacoste.	rue Ballainvilliers.	rue de l'Enfer.
rue St-Louis.	pl. du Poids-de-Ville	rue de l'Ecu.
rue Ste-Madeleine.	rue St.-Louis.	rue St.-André.
c.-de-s. de Ste-Madel.	r. St.-Dominique.	
Marché au blé.	rue Ballainvilliers.	p. Michel de l'Hospit.
Marché au Poisson.	rue Boirot.	rue de la Boucherie.
rue Massillon	pl. Royale.	r. Grégoire de Tours.
rue des Minimes.	rue St.-Dominique.	place de Jaude.
r. des Trois-Moineaux	place St.-Pierre.	place St.-Hérem.
rue Montlosier.	rue Sidoine Apollin.	place Delille.
rue de la Morée.	rue Ste Claire.	bar. de la Morée.
c.-de-s. de la Morée.	place Delille.	
Pont-de-Nau.	barrière d'Issoire.	
rue Neuve	pl. du Poids-de-Ville.	rue des Gras.
rue Neyron.	rue des Ursulines.	place Delille.
rue des Notaires.	pl. Devant-Clermont.	place de la Poterne.
rue de l'Oratoire.	rue des Ursulines.	boul. du Grand-Sém.
rue du Paradis.	rue Ballainvilliers.	ru. de l'Enfer.
rue Pascal.	place du Terrail.	rue du Port.
rue du Passeport.	rue Ste Rose.	rue Fontgiève.
rue des Q.-passeport.	place du Champgil.	rue du Passeport.
rue des Peigneurs.	rue Jolie.	r. de la Chapelle-de-J.
rue du Pérou.	rue Ste-Georges.	r. Neuve-Ste-Claire.
rue St.-Pierre.	place St.-Pierre.	pl. du Poids-de-Ville.
petite rue St.-Pierre	place St.-Pierre.	r. du Poids-de-Ville.
place St.-Pierre.	petite rue St.-Pierre.	rue St.-Pierre.
rue du Poids-de-Ville.	place St.-Pierre.	r. du Poids-de-Ville.
pl. du Poids-de-Ville.	rue Fontgiève.	place St.-Hérem.
r. de l'an. Poids-de-V.	rue des Gras.	rue des Chaussetiers.
des Trois-Ponts.	rue des Bughes.	rue Chaufour.
r. du Pont-de-Pierre.	rue St.-Arthème.	rue des Chats.
rue du Port.	place de la Poterne.	place Delille.
place du Port.	rue du Port.	place d'Espagne.
glacis de la Poterne.	place de la Poterne.	rue Barnier.
place de Poterne.	rue des Notaires.	glacis de la Poterne.
boul. de la Préfecture.	pl. des Petits-Arbres.	place de Jaude.
cul-de-sac de la Préf.	rue St.-Genès.	

RUES, Places, Promenades, Culs-de-sac.	TENANTS.	ABOUTISSANTS.
rue Prévote.	rue des Petits-Gras.	rue Terrasse.
boul. de la Pyramide.	boul. de l'Hôtel-Dieu.	cours Sablon.
rue des Trois-Raisins.	rue de l'Ente.	rue de la Boucherie.
rue Renoux.	rue d'Alagnat.	rue Jolie.
rue Royale.	pl. derrière-Clermont.	rue des Chaussetiers.
rue Ste-Rose.	pl. du Poids-de-Ville.	rue Ste-Catherine.
cours Sablon.	boul. du Grand-Sém.	boul. du Taureau.
rue du Sauvage.	rue du Port.	rue Villeneuve.
rue Savaron.	place du Terrail.	rue Massillon.
rue de la Sellette.	place Delille.	bar. de la Sellette.
pet. rue de la Sellette.	rue Montlosier.	bar. de la Sellette.
boul. du Grand-Sém.	place Delille.	cours Sablon.
r. Sidoine Apollinaire	rue Montlosier.	rue des Bughes.
pl. Sidoine Apollinaire	r. Sidoine Apollinaire.	rue des Bughes.
pl. Sugny ou des Cord.	rue Terasse.	boul. de la Préfecture.
Tannerie St.-Alyre.	rue St.-Alyre.	rue des Chats.
Tannerie St.-Domin.	rue St.-Dominique.	rue du Bois-de-Cros.
place du Taureau.	rue Ballainvilliers.	
rue du Taureau.	rue Ballainvilliers.	rue de l'Eclache.
boulev. du Taureau.	boul. de l'Hôtel-Dieu.	cours Sablon.
r. du Terrail.	Pet. r. des Gr.-Jours.	place du Terrail.
place du Terrail.	rue du Terrail.	rue Pascal.
rue Terrasse.	rue St.-Genès.	rue des Chaussetiers.
rue Thomas.	pl. de l'Hôtel-de-Ville.	rue Pascal.
place Thomas.	rue Thomas.	
rue Torte.	rue Jolie.	rue de l'Hôtel-Dieu.
rue Tour-la-Monnaie.	pl. Devant-Clermont	marché au Poisson.
r. Sous-la-T.-N.-Dame	cours Sablon.	Barrière.
rue du Tournet.	rue Ballainvilliers.	boul. de l'Hôtel-Dieu.
rue de la Treille.	rue Massillon.	rue St.-Esprit.
pet. rue de la Treille.	rue de la Treille.	rue St.-Genès.
rue Truie-qui-File.	rue Barnier.	place du Port.
pet. rue des Tueries.	rue de l'Hôtel-Dieu.	rue St.-Esprit.
rue des Ursulines.	rue de l'Oratoire.	rue Neyron.
pet. rue des Ursulines.	rue Pascal.	rue des Ursulines.
passage Vernine.	rue des Gras.	rue des Chaussetiers.
rue des Vieillards.	rue de l'Ange.	rue du Passeport.
rue Villeneuve.	rue de l'Oratoire.	rue Neyron.
c.-de-s. de la r. Villen.	rue Villeneuve.	
rue St.-Vincent.	rue St.-Eloy.	rue de l'Hôtel-Dieu.
r. de l'Arcade (nouv.)	place Désaix.	rue St-Esprit.
p. de l'Anc.-Séminaire.	r. Sidoine Apollinaire.	rue des Bughes.
place Lamothe.	place St-Alyre.	rue St-Alyre.

Librairies de Clermont.

M. Veysset, imprimeur, lithographe, rue de la Treille.

M. Paris, lithographe, place d'Orléans.

M. Aigueperse, rue Massillon.

M. Valleix, et cabinet de lecture, rue Massillon, 15.

MM. Hubler et Dubos (Librairie Catholique), imprimeurs, lithographes, rue du Terrail.

M. Thibaud, rue Saint-Genès, imprimeur.

M. Dilhan, spécialité religieuse, place Saint-Genès.

Mme Raynaud, rue Saint-Genès.

M. Ferairol, et relieur, rue Saint-Genès.

M. Duchier, rue Saint-Esprit.

M. Grange, rue d'Assas, 21, au 1er.

Cabinets de lecture

Mme Beauvert, rue Thomas, 14.

Mme Beaudroit, rue des Notaires, 9.

M. Poiret, rue du Port.

Mme Montel, rue Savaron, 4.

Mlle Inguenaud, place d'Orléans.

Mlle Francart, place des Cordeliers.

Hôtels meublés.

Hôtel des Messageries, Raynaldi, place de Jaude, 9.

Hôtel de l'Europe, Mulet, place de Jaude, 6.

Hôtel de la Poste, Tellier, place de Jaude.

Hôtel de Saint-Flour, Alhenc, rue du Bois-de-Cros, 8.

Hôtel Joal, rue des Minimes, 14.

Hôtel du Cantal, Chameil, rue Saint-Dominique, 24.

Hôtel de France, Pignol, rue de l'Écu, 21.

Hôtel de Bordeaux, Sabatier, rue de l'Écu, 10.

Hôtel de l'Écu de France, CHOCOT, rue de l'Écu, 6.

Hôtel de l'Étoile d'or, Eugène JURY, rue St-Louis, 10.

Hôtel Jean-Jean-Hugon, rue Saint-Louis, 6.

Hôtel de Paris, BEAUMONT, place de Lille, 2.

Hôtel du Nord, VERGNE, rue des Jacobins, 10.

Hôtel du Cerf d'or, DUBOST, rue Halle-au-Blé, 10.

Hôtel du Grand-Central, FOURNIER-VERSEPUY, rue Halle-au-Blé, 4.

Hôtel du Lion d'or, BLANC, rue Halle-au-Blé, 2.

Hôtel de la Providence, MARTIN, rue Ballainvilliers.

Hôtel de l'Aigle d'or, FORESTIER, rue Ballainvilliers, 62.

Hôtel des Petits-Arbres, GIMBERT, rue d'Assas, 11.

Hôtel de la Paix, MORATEUR, montée des Petits-Arbres, 2.

Liste générale des Docteurs en médecine et en chirurgie, Officiers de santé, Pharmaciens et Herboristes de Clermont-Ferrand.

Médecins.

M. ARTANCE, rue Savaron, 11.

M. AUCLERC, boulevard de la Préfecture.

M. BABUT, place d'Orléans.

M. BERTRAND fils, boulevard de la Pyramide, 3.

M. BERTRAND père, place du Taureau.

M. BONNABAUD, rue de l'Écu, 4.

M. BOYER, rue Ballainvilliers.

M. FLEURY, rue Barbançon, 5.

M. FOURNIER, à Montferrand, rue de la Rodade, 89.

M. GAGNON, place du Terrail.

M. GOUYON, rue de l'Ancien-Hôpital.

M. HOSPITAL, rue Sainte-Claire, 22.

M. IMBERT-GOURBEYRE, rue du Port.

M. JOUVET, rue de la Halle-aux-Toiles, 6.

M. Lavort, place du Taureau.

M. Nivet, impasse Grégoire-de-Tours.

M. Pellissière, place Saint-Hérem.

M. Peghoux, place de Jaude, 20.

M. Pourcher aîné, rue Ballainvilliers, 37.

M. Pourcher jeune, rue Thomas, 3.

M. Sadourny, cours Sablon, 9.

M. Scheck, rue de l'Hôtel-Dieu.

M. Tixier, rue Saint-Genès, 39.

M. Vasson, rue Saint-Genès, 60.

Officiers de santé.

M. Fournier de Lempdes (bandagiste herniaire).

M. Pomel, Marché-aux-Poissons.

M. Francon, rue Montlosier.

M. Miaumandre, à Montferrand.

Pharmaciens.

M. Alanore, place des Petits-Arbres.

M. Chopart, place des Gras.

M. Gautier-Duché, place Saint-Pierre.

M. Gautier-Lacroze, rue Ballainvilliers, 4.

M. Giraud, rue Neuve, 1.

M. Gonod, place du Terrail, 3.

M. Lamby, rue du Port, 79.

MM. Lecoq et Bargoin, rue Ballainvilliers, 35.

M. Pacros, place Devant-Clermont.

M. Raynaud, à l'angle des rues des Gras et de l'Écu.

M. Rimoux, rue Neuve.

M. Theissèdre, place d'Orléans.

M. Touvin, rue Fontgiève.

M. Tourraud, à Montferrand.

Herboristes.

M. Dessimond, Marché-aux-Poissons.
M. Brughère, à Montferrand.
M. Fournioux, place Saint-Pierre.

Bains.

Rue Blatin.
Rue Sainte-Claire, 34.
Rue Sidoine-Apollinaire, 8.
Rue de l'Abbé-Girard, 1.
Rue de l'Éclache, 19.
Croix-Morel.
Bains d'eaux minérales à Saint-Allyre, rue des Chats, Mme veuve Clémentel.

Poste aux Lettres, rue du Poids-de-Ville, 26.

Départ et arrivée des courriers tous les jours pour tout pays.

Les boîtes supplémentaires sont :

1re rue des Gras, 52.
2e rue Blatin.
3e à la Préfecture, montée des Petits-Arbres.
4e à l'Hôtel-Dieu, boulevard de la Pyramide.
5e à la gendarmerie, cours Sablon.
6e rue des Jacobins, à l'angle de l'*hôtel Beaumont.*
7e à l'Évêché, rue Pascal.

La levée des boîtes supplémentaires a lieu trois fois par jour, en toutes saisons, savoir :

La 1re à huit heures du matin ;
La 2e à midi.
La 3e à huit heures du soir.

La boîte de Montferrand est placée rue de la Rodade ; la levée a lieu deux fois par jour, à 9 heures et à 4 h.

Marche des Courriers.

Départs du bureau de Clermont.

Paris, route et Riom............. 6 h. du matin.
— .... 2 h. du soir.
— .... 10 h. du soir.
Limoges et route............... 6 h. du matin.
Issoire, le Puy, Aurillac et Mende.. 8 h. du matin.
Ambert.................. ..... 9 h. du matin.
Mauriac..................... 9 h. du matin.
Riom *(départ supplémentaire)*..... 10 h. 30 m. du matin.
Lyon et route.................. 2 h. du soir.
Périgueux .... 2 h. du soir.
Thiers (2e *départ*).............. 10 h. du soir.
Montluçon .... 10 h. du soir.

Arrivées à Clermont.

Paris et route.................. 9 h. du matin.
— .... 9 h. du soir.
Ambert...................... 5 h. du matin.
Lyon et route.................. 5 h. du matin.
Périgueux..................... 5 h. du matin.
Mauriac..................... 5 h. du matin.
— .... midi.
Issoire, le Puy, Aurillac, Mende.. 1 h. 30 m. du soir.
Thiers (2e *départ*).............. 4 h. du soir.
Montluçon .... 6 h. du soir.

NOTA. — La dernière levée de la boîte a lieu une heure avant celle du départ.

Il est établi un service spécial pour le transport des dépêches du bureau de la poste à la gare; il y a sept ordinaires par jour; chaque course doit s'effectuer en 10 m.

Distribution des courriers.

Le 1er, à 7 h. du matin; le 2e, à 10 h. du matin; le 3e, à 5 h. du soir.

Voie de fer de Clermont.

NOMS DES STATIONS.	Distance en kilomètres des stations entre elles. k. m.	Distance en kilomètres de Clermont-F. à chaque stat". k. m.	Distance en kilomètres de chaque stat" à Paris. k. m.	TARIF DU PRIX DES PLACES DE CLERMONT-FERRAND A PARIS ET AUX STATIONS ÉCHELONNÉES SUR LA LIGNE. 1re classe. fr. c.	2e classe. fr. c.	3e classe. fr. c.
Clermont-Ferrand	» »	» »	447 245			
Gerzat	7 140	7 140	440 096	» 85	» 60	» 45
Riom	6 555	13 704	433 541	1 45	1 10	» 80
Pontmort	6 600	20 304	426 941	2 20	1 65	1 20
Aigueperse	9 795	30 099	417 146	3 20	2 40	1 75
Gannat	10 810	40 909	406 336	4 25	3 20	2 35
Montaignet	6 307	47 216	400 029	5 »	3 75	2 75
Saint-Remy	12 144	59 360	387 885	6 20	4 65	3 40
Saint-Germain	5 362	64 722	382 523	6 75	5 05	3 70
Le Guétin	92 179	156 901	290 344	» »	» »	» »
Vierzon	89 196	246 097	201 148	» »	» »	» »
Orléans	80 152	326 249	120 996	» »	» »	» »
Paris	120 996	447 245	» »	46 30	34 80	25 80

Le prix des places de Clermont à Moulins, et *vice versâ* :

        11 fr. 10 c. — 1re classe.
        8 fr. 3u c. — 2e classe.
        6 fr. 10 c. — 3e classe.

AVIS IMPORTANT.

Militaires et marins.—Les militaires ou marins, voyageant en corps ou isolément, pour cause de service, envoyés en congé illimité ou en permission, ou rentrant dans leurs foyers après libération, ne paieront que le quart des prix fixés par le tarif.

Enfants. — Au-dessous de 6 ans, les enfants seront transportés gratuitement, à la condition de rester sur les genoux des personnes qui les accompagnent.

Jusqu'à l'âge de 6 ans, deux enfants peuvent occuper une seule place.

Au-dessus de 6 ans, les enfants paient place entière.

Bagages.—Il est alloué *(franco)*, à chaque voyageur, 30 kilogrammes de bagages.

Un droit de 10 c. est perçu pour enregistrement.

Les bagages présentés trop tard à l'enregistrement partent par les trains suivants, et sont taxés, dans ce cas, pour leur poids intégral.

La Compagnie ne répond pas des bagages qui ne sont pas enregistrés.

Billets aller et retour.—Tous les jours, il est délivré des billets aller et retour, de Clermont-Ferrand à Riom, et *vice versâ* : 1re classe, 2 fr. 50 c.; 2e classe, 1 fr. 70 c.; 3e classe, 1 fr.

Les billets aller et retour ne peuvent servir que pour les lieux de départ et de destination qu'ils indiquent. Les voyageurs qui descendent à une station autre que celle pour laquelle ils ont pris leurs billets, soit en deçà, soit au-delà, paient à leur arrivée le supplément de prix que comporte au tarif général le parcours qu'ils ont réellement effectué.

Ces billets ne sont valables que pour le jour dans lequel ils ont été délivrés.

Les militaires et marins n'ont pas droit à réclamer sur ces prix réduits le bénéfice du quart de place.

Bureau spécial. — Bureau spécial à Clermont, Halle aux toiles (provisoirement maison Gorsse, rue Blatin).

Entre Clermont et Saint-Germain-des-Fossés, tous les trains sont composés de voitures de toutes classes, et transportent les chevaux et les voitures de poste. Au-delà de Saint-Germain-des-Fossés, les trains express, n°s 5 et 6, ne contiennent que des voitures de première classe, et ne transportent ni chevaux ni voitures de poste.

1er DÉPART DE LA GARE DE CLERMONT *(train express*, n° 6, parcourant 45 kilomètres à l'heure) à 6 h. 20 m. du matin. — Arrive à Gerzat à 6 h. 32 m.; part à 6 h. 33 m. — Arrive à Riom à 6 h. 44 m.; part à 6 h. 48 m. — Passe à Pontmort à 6 h. 59 m.; part à 7 h. — Arrive à Aigueperse à 7 h. 15 m.; part à 7 h. 22 m. (s'adjoint les trains n°s 11 et 13). — Arrive à Gannat à 7 h. 38 m.; part à 7 h. 41 m. — Arrive à Monteignet à 7 h. 51 m.; part à 7 h. 52 m. — Arrive à Saint-Remy à 8 h. 10 m.; part à 8 h. 26 m. — Arrive à Saint-Germain-des-Fossés à 8 h. 35 m.; reprend son essor à 8 h. 45 m. — Passe au Guétin à 11 h.; — à Vierzon à 12 h. 54 m. du soir; — à Orléans à 2 h. 10 m. — Arrive enfin à Paris à 5 h. 28 m. du soir, après un trajet de 11 h. 8 m.

2e DÉPART *(omnibus mixte*, n° 50, parcourant 40 kilomètres à l'heure). Train partant de Clermont à 9 h. 10 m. du matin, passe à Gerzat à 9 h. 23 m.; part à 9 h. 24 m. — Arrive à Riom à 9 h. 36 m.; part à 9 h. 46 m. — Arrive à Pontmort à 9 h. 58 m.; part à 9 h. 59 m. — Arrive à Aigueperse à 10 h. 16 m.; part à 10 h. 20 m. — Arrive à

Gannat à 10 h. 38 m. ; part à 10 h. 50 m. (prend le train n° 57). — Arrive à Monteignet à 11 h. 1 m. ; part à 11 h. 2 m. — Arrive à Saint-Remy à 11 h. 22 m. ; part à 11 h. 23 m. — Arrive à Saint-Germain à 11 h. 33 m.; reprend son essor à 11 h. 50 m. — Passe au Guétin à 3 h. 35 m. du soir; — à Vierzon à 7 h. 15 m. ; — à Orléans à 9 h. 44 m. — Arrive à Paris.

3ᵉ DÉPART SUPPLÉMENTAIRE (*convoi de marchandises* n° 258, parcourt 30 kilomètres à l'heure). A la gare de Clermont à 9 h. 25 m. du matin. — Arrive à Gerzat à 9 h. 41 m.; part à 9 h. 44 m. — Arrive à Riom à 9 h. 51 m.; part à 10 h. 13 m. — Arrive à Pontmort à 10 h. 28 m.; part à 10 h. 31 m. — Arrive à Aigueperse à 10 h. 53 m.; part à 11 h. 8 m. (prend le train n° 57). — Arrive à Gannat à 11 h. 32 m.; part à 11 h. 47 m. — Arrive à Monteignet à midi 2 m.; part à midi 5 m. — Arrive à Saint-Remy à midi 31 m.; part à midi 34 m. — Arrive à Saint-Germain à midi 47 m.

4ᵉ DÉPART (*omnibus mixte*, n° 52, parcourt 40 kilomètres à l'heure). Clermont, 11 h. du matin. — Arrive à Gerzat à 11 h. 13 m.; part à 11 h. 14 m. — Arrive à Riom à 11 h. 26 m.

5ᵉ DÉPART (*service des postes*, nᵒˢ 12 et 14, font 45 kilomètres à l'heure). Clermont, 2 h. 25 m. du soir. — Arrive à Gerzat à 3 h. 7 m. ; part à 3 h. 8 m. — Arrive à Riom à 3 h. 19 m.; part à 3 h. 27 m. (s'adjoint le train n° 19).— Arrive à Pontmort à 3 h. 38 m.; part à 3 h. 39 m. — Arrive à Aigueperse à 3 h. 54 m.; part à 3 h. 56 m. — Arrive à Gannat à 4 h. 12 m. ; part à 4 h. 20 m. (reçoit le train n° 259). — Arrive à Monteignet à 4 h. 30 m. ; part à 4 h. 31 m. — Arrive à Saint-Remy à 4 h. 49 m.; part à 5 h. 4 m. — Arrive à Saint-Germain à 5 h. 13 m. ; part à 5 h. 26 m. — Passe au Guétin à 8 h. 17 m.; — à Vierzon à 10 h.

45 m. ;—à Orléans à 1 h. 3 m. du matin.—Arrive à Paris
à 4 h. 19 m. — Ce trajet dure 13 h. 54 m.

6e DÉPART *(omnibus mixte*, n° 54, 40 kilomètres à
l'heure). Clermont, 4 h. 15 m. du soir. — Arrive à Gerzat
à 4 h. 28 m. ; part à 4 h. 29 m. — Arrive à Riom à 4 h.
41 m. — 21 m. de trajet.

7e DÉPART SUPPLÉMENTAIRE *(convoi de marchandises*,
n° 250, 30 kilomètres à l'heure). Clermont, 7 h. 15 m. du
soir.—Passé à Gerzat à 7 h. 30 m. ;—à Riom à 7 h. 43 m. ;
part à 8 h. 30 m. (s'adjoint le train n° 5).—Arrive à Pontmort à 8 h. 44 m. ;—à Aigueperse à 9 h. 4 m. ;—à Gannat
à 9 h. 27 m. ; part à 9 h. 37 m. — Arrive à Monteignet à
9 h. 51 m. ; — à Saint-Remy à 10 h. 15 m. ;—à Saint-Germain à 10 h. 27 m.

8e DÉPART *(omnibus mixte*, n° 2, 40 kilomèt. à l'heure).
Clermont, 10 h. 20 m. du soir. — Arrive à Gerzat à 10 h.
32 m. ;—à Riom à 10 h. 43 m. ; part à 10 h. 51 m.— Arrive à Pontmort à 11 h. 2 m. ; — à Aigueperse à 11 h.
18 m. ; part à 11 h. 21 m.—Arrive à Gannat à 11 h. 39 m. ;
part à 11 h. 43 m. — Arrive à Monteignet à 11 h. 53 m. ;
—à Saint-Remy à 12 h. 12 m. ; part à 12 h. 20 m. — Arrive à Saint-Germain à 12 h. 30 m. ; part à 12 h. 45 m.—
Passe au Guétin à 3 h. 35 m. du matin ; — à Vierzon à
7 h. 5 m. ; — à Orléans à 10 h. — Arrive à Paris à 2 h.
11 m. du soir. —Durée du trajet : 15 h. 51 m.

Retour.

1er TRAIN, VENANT DE SAINT-GERMAIN *(convoi de marchandises*, n° 255, 30 kilomètres à l'heure). Part de cette
gare à 1 h. du matin. — Passe à Gannat à 1 h. 50 m., en
repart à 2 h. 5 m. — Passe à Aigueperse à 2 h. 28 m. ; — à
Riom à 2 h. 48 m. — Arrive à Clermont à 3 h. 45 m.

2e TRAIN DE POSTE (n°s 11 et 13, 55 kilomèt. à l'heure).

Départ de la gare de Paris à 8 h. du soir. — Passe à Orléans à 11 h. 10 m.; — à Vierzon à 1 h. 13 m. du matin;
—au Guétin à 3 h. 32 m.;—à Saint-Germain à 5 h. 53 m.,
en part à 6 h. 5 m. — Passe à Saint-Remy à 6 h. 14 m.;
part à 6 h. 29 m. — Passe à Monteignet à 6 h. 47 m., en
part à 6 h. 48 m.—Passe à Gannat à 6 h. 58 m.; part à 7 h.
4 m. — Passe à Aigueperse à 7 h. 20 m.; part à 7 h. 25 m.
(reçoit le convoi n° 6). — Passe à Pontmort à 7 h. 40 m.;
part à 7 h. 41 m.—Passe à Riom à 7 h. 52 m.; part à 7 h.
56 m.—Passe à Gerzat à 8 h. 7 m.; part à 8 h. 8 m.—Arrive à Clermont à 8 h. 24 m., après un trajet de 12 h.
24 m.

3e TRAIN (omnibus mixte, n° 57, parcourt 40 kilomètres
à l'heure). Part de la gare de Saint-Germain à 9 h. 50 m.
du matin.—Passe à Saint-Remy à 10 h.; part à 10 h. 1 m.
—Passe à Monteignet à 10 h. 21 m.; part à 10 h. 22 m.—
Passe à Gannat à 10 h. 33 m.; part à 10 h. 40 m. (reçoit le
train n° 50). — Passe à Aigueperse à 10 h. 58 m. ; part à
11 h. (reçoit le train n° 258). — Passe à Pontmort à 11 h.
17 m.; part à 11 h. 18 m. — Passe à Riom à 11 h. 30 m.;
part à 11 h. 35 m. — Passe à Gerzat à 11 h. 47 m.; part à
11 h. 48 m. — Arrive à Clermont à midi 5 m.

4e TRAIN (omnibus mixte, n° 53, 40 kilomèt. de vitesse
à l'heure). Départ de Riom à 1 h. du soir.—Passe à Gerzat
à 1 h. 12 m.; part à 1 h. 14 m.—Arrive à Clermont à 1 h.
31 m.

5e TRAIN (omnibus mixte, n° 19, vitesse de 40 kilomèt.
à l'heure). Départ de Paris à 10 h. 45 m. du soir. — Passe
à Orléans à 3 h. 50 m. du matin;—à Vierzon à 6 h. 18 m.;
—au Guétin à 9 h. 38 m.;—à 1 h. 5 m. du soir, en part à
1 h. 17 m.—Passe à Saint-Remy à 1 h. 27 m.; part à 1 h.
31 m.—Passe à Monteignet à 1 h. 51 m.; part à 1 h. 52 m.
—Passe à Gannat à 2 h. 3 m. ; part à 2 h. 13 m.—Passe à
Aigueperse à 2 h. 21 m.; part à 2 h. 35 m.—Passe à Pont-

mort à 2 h. 52 m.; part à 2 h. 53 m.—Passe à Riom à 3 h.
5 m.; part à 3 h. 22 m. (convois nᵒˢ 12 et 14).—Passe à
Gerzat à 3 h. 34 m.; part à 3 h. 35 m.—Arrive à Clermont
à 3 h. 52 m.—Durée du trajet, 17 h. 5 m.

6ᵉ TRAIN SUPPLÉMENTAIRE (*convoi de marchandises*,
nᵒ 259, vitesse de 30 kilomètres à l'heure). Départ de St-
Germain à 2 h. 30 m. du soir. — Passe à Saint-Remy à
2 h. 43 m.; part à 2 h. 46 m.—Passe à Monteignet à 3 h.
12 m.; part à 3 h. 15 m. — Passe à Gannat à 3 h. 30 m. ;
part à 4 h. 30 m. (reçoit les trains nᵒˢ 12 et 14).—Passe à
Aigueperse à 4 h. 54 m.; part à 5 h. 4 m.—Passe à Pontmort à 5 h. 26 m.; part à 5 h. 29 m.—Passe à Riom à 5 h.
44 m. ; part à 5 h. 59 m. — Passe à Gerzat à 6 h. 13 m.;
part à 6 h. 16 m.—Arrive à Clermont à 6 h. 32 m.

7ᵉ TRAIN (*omnibus mixte*, nᵒ 55, 40 kilomètres de vi-
tesse à l'heure). Départ de Riom à 5 h. 30 m. du soir.—
Passe à Gerzat à 5 h. 42 m.; part à 5 h. 44 m.—Arrive à
Clermont à 6 h. 1 m.

8ᵉ TRAIN (*express*, nᵒ 5, 45 kilomètres à l'heure). Départ
de la gare de Paris à 9 h. 40 m. du matin.— Passe à Orléans à midi ;—à Vierzon à 2 h. 20 m. du soir ;—au Guétin à 4 h. 16 m.;—à Saint-Germain à 6 h. 21 m., en part à
6 h. 35 m.—Passe à Saint-Remy à 6 h. 44 m.; part à 6 h.
49 m.—Passe à Monteignet à 7 h. 17 m.; part à 7 h. 18 m.
—Passe à Gannat à 7 h. 28 m.; part à 7 h. 33 m. — Passe
à Aigueperse à 7 h. 49 m. ; part à 7 h. 50 m. — Passe à
Pontmort à 8 h. 5 m.; part à 8 h. 6 m.—Passe à Riom à
8 h. 17 m.; part à 8 h. 22 m. (trains nᵒˢ 2 et 50).—Passe à
Gerzat à 8 h. 33 m.; part à 8 h. 34 m.—Arrive à Clermont
à 8 h. 50 m.—Durée du trajet, 11 h. 10 m.

Voitures publiques.

Entreprise FAURE et CIE, *maîtres de poste à Lapalisse.*

Service de correspondance entre Clermont et Roanne, par Gannat, Vichy, Cusset et Lapalisse.

Service de correspondance entre Clermont et Roanne, s'effectuant par la station de Gannat, aux heures suivantes :

Départ de Gannat pour Roanne, à 10 h. 38 m. du matin, après l'arrivée du train partant de Clermont à 9 h. 10 m. du matin.

Départ de Roanne à 5 h. 1/2 du matin, pour correspondre avec le train passant à Gannat à 2 h. 13 m. du soir, et arrivant à Clermont à 3 h. 52 m. du soir.

Le bureau central assure des places de Clermont à Roanne.

Messageries générales de France, place de Jaude :

Champeix, Aurillac, Massiac et Mauriac.— Bureau pour Billom, Issoire, Brioude, le Puy, Roanne. —Bureau du Mont-Dore. —Bureau de Gannat, Vichy, Cusset.

Messageries impériales, place de Jaude :

Thiers, Courpière, Ambert, Issoire, Brioude, le Puy, Alais, Montaigut, Montluçon, Saint-Amand, Bourges, Bort, Mauriac, Aurillac, Mont-Dore, Néris, Vichy, Lyon, Grenoble, Genève, Marseille, l'Algérie, Aubusson, Limoges, Tulle, Périgueux, Bordeaux, Riom, Vichy, Cusset, Lapalisse, Roanne, Tarrare, le Charolais et la Bourgogne.

Service des Messageries et Voitures publiques.

Messageries du Midi et de l'Auvergne, place de Jaude, n° 6 :

Massiac, Saint-Flour, Espalion, Milhau, Lodève, Mar-
vejols, correspondance pour l'Afrique, Rodez, Alby,
Montpellier, Alais, Nîmes, Marseille et tout le Midi.

Vichy, Mont-Dore, Issoire, Rochefort, Laqueuille.

M. ANDRIEU, place de Jaude, 20 : *Service pour Billom.*
Bureau des diligences pour Lyon, Saint-Etienne, Montbrison, Noirétable, Roanne.

Le Puy, Brioude, Lempdes, Tours, Châtellerault, Sau-
mur, Nantes.

Thiers, Lezoux, Mont-Dore, Saint-Nectaire, Cusset,
Vichy, Gannat, Aigueperse.

GRANDE VITESSE.

*Service des maîtres de poste réunis, de Clermont à Mou-
lins, en 6 h. 1/2 de marche.*

Départ de Clermont à 10 h. du matin.
Départ de Moulins à 8 h. du soir.

Prix des places :

Coupé................. 6 fr.
Intérieur.............. 5
Rotonde 4
Banquette............. 4

Il est alloué à chaque voyageur le poids gratis de 40 kilogrammes.

Ce service correspond, à Moulins, avec le chemin de
fer et les services pour Autun, Beaune, Dijon, Chalon,
Digoin, Parai, Charolles, Mâcon, Bourbon-l'Archambault,
Saint-Amand.

Les bureaux sont à Clermont, chez MM. ANDRIEUX
frères, place de Jaude, 20.

Diligences pour Saint-Étienne, en 14 heures : Thiers, Montbrison, correspondance avec Valence et l'Ardèche, chez MM. SAUREL frères, place Saint-Hérem, 20.

Voitures pour Ambert et à volonté, chez M. AUDIGIER, place de Jaude, 22.

M. CLUZET, rue Saint-Louis, 18, services pour Limoges, Périgueux, Bordeaux.

M. BRÉCHARD, place du Poids-de-Ville, diligences de Pontaumur, Herment, Giat.

Bureau de la voiture de Billom, place Delille, 12.

M. GUITTARD-LEFORT, voitures de Maringues, Vichy, Lezoux, Aigueperse, Gannat, place Delille, 16.

M. MONESTIER, place de Jaude, 49, loue voitures de ville et à volonté.

M. REGIMBAUD, loueur de voitures, pension de chevaux, place de Jaude, 36.

M. MARTIAL PARCELIER, dit *Lataupe*, marchand de chevaux, place de Jaude, 36.

Dépôt des étalons, rue Montlosier, 61.

Commissionnaires de roulage.

M. SABATIER, rue Blatin.

M. SEMBEL-BARDEL, successeur de M. NOHEN, place Saint-Hérem, 6.

M. PEROL, place Saint-Hérem, 8, fourgons accélérés sur Limoges, Bordeaux, etc. ; dépôt des eaux de Vichy, roulage pour tous les pays, entrepôt de marchandises.

M. DESHAIRES, place Saint-Hérem, 20, exploitation générale des transports du chemin de fer, correspondance avec ses embranchements.

MM. SAUREL frères, place Saint-Hérem, 20 bis, roulage

général accéléré et ordinaire pour tous pays ; services accélérés par voie de fer, de terre et d'eau ; entrepreneurs du camionage du chemin de fer.

MM. Vincent et Rossignol, roulage général, fourgon accéléré, place Saint-Hérem, 2.

DÉPUTÉS DU PUY-DE-DÔME AU CORPS LÉGISLATIF.

MM. de Chazelles (Léon), maire de Clermont, de Pennautier, de Morny, Rudel du Miral, de Pierre.

PRÉFECTURE.

Préfet : M. le comte de Preissac.

Conseillers : MM. Laden, secrétaire général ; Fournet, Triozon-Bayle, Brassier, Christophe (Luc).

Chef du cabinet du préfet : M. de Grenier.

Le préfet donne ses audiences les lundis, mercredis et samedis, de 1 h. à 3 h.

Le conseil tient ses séances ordinaires le lundi et le vendredi de chaque semaine.

Les bureaux de la préfecture sont ouverts au public tous les jours, excepté ceux fériés, depuis midi jusqu'à 2 heures.

MUNICIPALITÉ DE CLERMONT.

Maire : M. Léon de Chazelles.

Adjoints : MM. Aubergier, Mollie, Robert.

COMMISSAIRES DE POLICE.

Commissaire central : M. Marsal, à la mairie.

Commissaires : M. Chapeau, place Saint-Genès (Desaix).

M. Minard, rue Montlosier, 33.

M. Jacquemard, rue Blatin.

Secrétaire : M. Gidon, au bureau de police.

TRIBUNAL DE PREMIÈRE INSTANCE.

Clermont. *(Deux chambres)*.

Président : M. Dessaigne.

Vice-président : M. Lucas-Laganne.

Juges : MM. Margeride , Bayle-Botte, Faure, juge d'instruction ; Petit-Montséjour, Morin, juges.

Juges suppléants : MM. Mège fils , Pellissière , Bonnet.

Procureur impérial : M. Levé-Dumontat.

Substituts : MM. Roux, Férou.

Greffier en chef : M. Jules Laroche.

Avocats : MM. Montader, rue Domat; Mège-Petit , rue des Grands-Jours; Chante-Grellet , rue Savaron; Pichot , rue Massillon ; Jouvet *(bâtonnier de l'ordre)*, rue Pascal; Lasteyras , Gaultier-Biauzat , rue Ballainvilliers ; Bardoux , rue de l'Éclache; Astaix, rue du Billard; Chabrier, Fournet *(conseiller de préfecture)*, rue des Notaires; Desmanèches, Blatin, Guillaume, Saunier, Bénézy.

Avoués : MM. Bonjour, rue Saint-Esprit; Robe , successeur de M. Lamy, rue Saint-Genès; Guillaume, petite rue des Grands-Jours; Guyot, rue Massillon; Grimard, rue Savaron; Boyer, successeur de M. Morel , rue Pascal; Huguet , successeur de M. Mage, rue du Port; Massis , rue Pascal; Pellissière, rue Halle-de-Boulogne; Montader, successeur de M. Feuillade , place Saint-Hérem; Dumontat , place de la Poterne; Charbonnier, rue des Gras; Frazey, rue d'Enfer; Sauret, rue de l'Ancien-Poids-de-Ville; Bastide , place de Jaude; Barraud , place Desaix , a réuni les études de MM. Félix Chabrol et Serre; Bernard , rue du Billard; Jarron, rue d'Allagnat; Fournier, rue du Terrail.

Huissiers audienciers : MM. Darragon, Jurien, Cournol, Riberolles, Allaigre, Auger, Auzenat, Mourlevat, Guyot, Charbonnier.

JUSTICES DE PAIX.

Juges : MM. Imbert (Sud-Ouest), Mège (Nord), Bayle-Pradon (Sud), Faure (Est).

Suppléants : MM. Mollie, Sarre (Sud-Ouest); Fabre, Mage (Nord); Vimont, Fleury (Sud); Guillaume, Faure (Est).

TRIBUNAL DE COMMERCE.

Président : M. Léon Blanc.

Juges : MM. Lavandier, Bonnabaud (Aug.), Albert (Félix), Pradier-Roux.

Juges suppléants : MM. Chalmeton, Mounier-Gourbeyre, Forestier (Emile), Rigaudeaux-Perdraux.

Greffier : M. L. Bouchardon.

Défenseurs agréés : MM. Petitet, Labourier, Rouchier, Jouannet, Faucon.

Huissiers : MM. Dubernard, Ménial.

Les audiences ont lieu les vendredis.

NOTAIRES.

MM. Bonnay, rue Pascal; Coupelon, rue de l'Écu; Fabre, rue des Chaussetiers; Grange, place Desaix; La-brosse, rue du Port; Mage, rue des Notaires; Mollie, rue de la Treille; Culhat-Laroche, rue Saint-Genès; Ollier, rue du Billard.

ACADÉMIE DE CLERMONT.

Recteur : M. Théry.

Inspecteur départemental : M. Taiée.

PONTS ET CHAUSSÉES.

Ingénieur en chef : M. Kermaingant.

Ingénieurs ordinaires : MM. Monestier, Cailloux.

FINANCES.

Receveur général : M. A. Romeuf.
Payeur du département : M. Bourdon.
Percepteurs : MM. Desgoffe, du Bousquet de Saint-Pardoux.

CONTRIBUTIONS DIRECTES.

Directeur : M. Cuvinot.
Inspecteur : M. Argilet.
Contrôleur principal à Clermont-Ferrand : M. Calvinhac.
Contrôleurs : MM. Mossier ; 2ᵉ division, Goumet ; 3ᵉ division, Kermingant ; Moulnier, surnuméraire.

CAISSE D'ÉPARGNES.

Le bureau, situé à la mairie, est ouvert le dimanche pour les versements, de 11 heures à 2 heures ; et le lundi pour les remboursements, de 1 heure à 2 heures.

CRÉDIT FONCIER.

Directeur, à Clermont : M. Marchand.
Les bureaux de la direction, situés place de Jaude, 18, sont ouverts tous les jours de la semaine, le dimanche excepté, de 9 heures à 4 heures.

SUCCURSALE DE LA BANQUE DE FRANCE.

Les bureaux sont situés rue Pascal, 24.
Directeur : M. Cavy.
Caissier : M. Bruneaud-Lacaud.

TÉLÉGRAPHE ÉLECTRIQUE, PLACE DES CORDELIERS.

Les bureaux sont ouverts tous les jours, y compris les fêtes et dimanches, du 1er avril à fin septembre, de 7 heures du matin à 9 heures du soir ; du 1er octobre à fin mars, de 8 heures du matin à 9 heures du soir.

FACULTÉ DES LETTRES.

(2e semestre.)

PROGRAMME DES COURS. — *Philosophie :* Professeur, M. Nourisson, les mardis et vendredis, de 4 à 5 heures du soir.

Littérature ancienne : M. Thurot, les mercredis et samedis, de 9 à 10 h. du matin.

Littérature française : M. Moncourt, les lundis et jeudis, de 4 à 5 h. du soir.

Histoire : M. Olleris (doyen), les lundis et vendredis, de 9 à 10 h. du matin.

Littérature étrangère : M. Barret, les mercredis et samedis, de 4 à 5 h. du soir.

FACULTÉ DES SCIENCES.

Mathématiques : M. Bourget, les mardis, de 10 à 11 heures du matin.

Chimie : M. Aubergier, les mardis et jeudis, de midi 1/2 à 1 h. 1/2.

Physique : M. Deguin, les mercredis et vendredis, de 9 à 10 h. du matin.

Histoire naturelle : M. Lecoq, les mercredis et vendredis, de 3 à 4 h. du soir.

Astronomie : M. Bourget, les jeudis, de 1 h. 1/2 à 2 h. 1/2.

Clermont-Ferrand, typ. Hubler et Dubos.

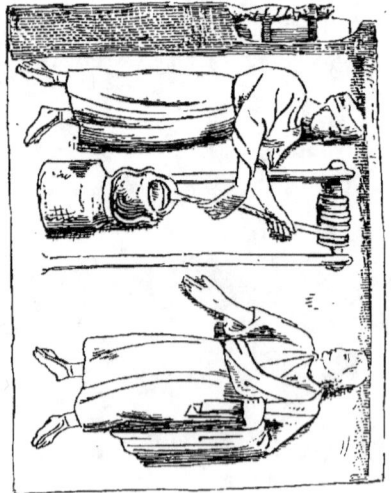

Bas-reliefs d'un Sarcophage antique
avec Courroies latérales.

Al. 1855.

Lith. Schreiber rue de l'Hôtel Dieu 21.

NON IN SOLE PANE VIVYT
HOMO SED IN OMNI VERBO
QVOI PROSEDIT DEO PI DEO
MAT

Fragments d'une porte Renaissance,
Rue des Grands à Clermont.

K. 1855

Ancienne Maison Savaron,
Détails de l'Escalier.

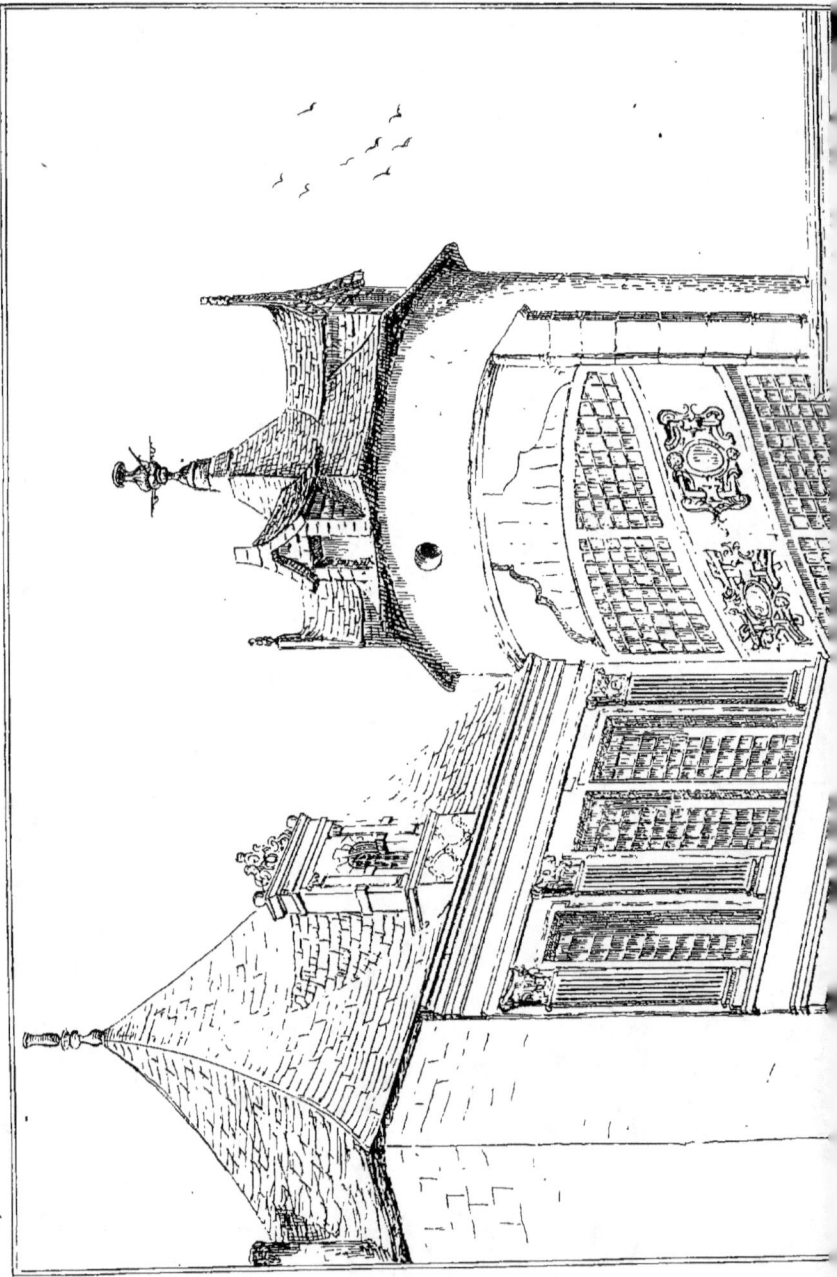

Maison Déchelette Petite rue S¹ Pierre.

Lith. Schreiber, rue de l'Hôtel Dieu, 21.

DEO OPTIMO MAXIMO SUB INVOCATIONE SANCTI VINCENTII A PAULO

Lith. Schreiber, rue de Cul d'Bœuf, à Clermont-F.d

Chapelle de St Vincent de Paul à Fontgiève

www.ingramcontent.com/pod-product-compliance
Lightning Source LLC
LaVergne TN
LVHW022117080426
835511LV00007B/869